ANGELUS SILESIUS
CHERUBINISCHER WANDERSMANN

CHRISTLICHE MEISTER

Band 6

ANGELUS SILESIUS

Cherubinischer Wandersmann

Auswahl und Nachwort von
Hans Urs von Balthasar

JOHANNES VERLAG EINSIEDELN

3. Auflage

Hergestellt im Graphischen Betrieb Benziger, Einsiedeln
ISBN 3 265 10222 x

WEISHEIT

I

Dich auftun wie die Rose

Dein Herz empfähet Gott mit alle Seinem Gut,
Wann es sich gegen Ihn wie ein Ros' auftut.

2

Der Himmel ist in dir

Halt an, wo läufst du hin, der Himmel ist in dir;
Suchst du Gott anderswo, du fehlst Ihn für und für.

3

Die Unruh kommt von dir

Nichts ist, das dich bewegt, du selber bist das Rad,
Das aus sich selbsten läuft und keine Ruhe hat.

4

Die Ewigkeit wird nicht gemessen

Die Ewigkeit weiß nichts von Jahren, Tagen, Stunden;
Ach, daß ich doch noch nicht den Mittelpunkt gefunden!

5

Dein Unruh machst du selbst

Noch Kreatur, noch Gott kann dich in Unruh bringen;
Du selbst verunruhst dich (o Torheit!) mit den Dingen.

6

Was du willst, ist alles in dir

Mensch, alles was du willst, ist schon zuvor in dir;
Es lieget nur an dem, daß dus nicht wirkst herfür.

7

Die Tür muß offen sein

Eröffene die Tür, so kommt der Heilge Geist,
Der Vater und der Sohn dreieinig eingereist.

8

Bei welchem Gott gerne ist

Mensch, wenn du Gottes Geist bist wie dir deine Hand,
Macht die Dreifaltigkeit sich gern mit dir bekannt.

9

Die verlorene und wiedergefundene Drei

Der Groschen, Sohn und s'Schaf bin ich mit Geist, Leib, Seele
Verlorn in fremdem Land, in einer Wüst und Höhle.
Die heilge Dreifalt kommt und sucht mich alle Stunden,
Den Groschen findt der Geist, der Vater nimmt den Sohn,
Der Hirte Jesus trägt das Schaf mit sich davon:
Schau, wie ich dreifach bin verloren und gefunden!

10

Nichts beschaut, nichts geschätzt

Wie, daß die Welt nichts schätzt die schönen Himmels-Auen?
Man schätzt nichts unbeschaut, es mangelt am Beschauen.

11

Jetzt mußt du blühen

Blüh auf, gefrorner Christ, der Mai ist für der Tür;
Du bleibest ewig tot, blühst du nicht jetzt und hier.

12

Trink aus deinem eigenen Bronnen

Wie töricht tut der Mann, der aus der Pfütze trinkt
Und die Fontaine läßt, die ihm im Haus entspringt.

13

Zum Ursprung mußt du gehn

Mensch, in dem Ursprung ist das Wasser rein und klar,
Trinkst du nicht aus dem Quell, so stehst du in Gefahr.

14

Der Brunnquell ist in uns

Du darfst zu Gott nicht schrein, der Brunnquell ist in dir;
Stopfst du den Ausgang nicht, er fließet für und für.

15

Wie man die Zeit verkürzt

Mensch, wenn dir auf der Welt zu lang wird Weil und Zeit,
So kehr dich nur zu Gott ins Nun der Ewigkeit.

16

Der Strahl ohne die Sonne

Der Strahl ist nichts, wenn er sich von der Sonn abbricht,
Du gleichfalls, läßt du Gott, dein wesentliches Licht.

17

Das Äußerliche macht nicht werter

Mensch, alls was außer dir, das gibt dir keinen Wert;
Das Kleid macht keinen Mann, der Sattel macht kein Pferd.

18

Die Welt ist ein Sandkorn

Wie, daß denn bei der Welt Gott nicht geschaut kann sein?
Sie kränkt das Auge stets, sie ist ein Sandkörnlein.

19

Zufall und Wesen

Mensch, werde wesentlich; denn wann die Welt vergeht,
So fällt der Zufall weg, das Wesen, das besteht.

20

Wie die Kreatur in Gott

Wie du das Feur im Kies, den Baum im Kern siehst sein,
So bild dir das Geschöpf in Gott dem Schöpfer ein.

21

Der törichte Suchende

Suchst du was und vermeinst, daß Gott nicht alles sei,
So gehst du Gott und alls in Ewigkeit fürbei.

22

Die Weisheit ist das beste Weib

Begehrest du ein Weib, die prächtig, reich und fein,
So nimm die Weisheit nur, sie wird dir alles sein.

23

Wo die Weisheit gerne ist

Die Weisheit findt sich gern, wo ihre Kinder sind.
Warum? O Wunderding! sie selber ist ein Kind.

24

Die Weisheit ist ein Quell

Die Weisheit ist ein Quell; je mehr man aus ihr trinkt,
Je mehr und mächtiger sie wieder treibt und springt.

25

Der Weisen Stein ist in dir

Mensch, geh nur in dich selbst; denn nach dem Stein der Weisen
Darf man nicht allererst in fremde Lande reisen.

26

Der Weise suchet nichts

Der Weise suchet nichts, er hat den stillsten Orden.
Warum? er ist in Gott schon alles selber worden.

27

Was man inwendig ist, sucht man nicht auswendig

Mann, wer in Tugenden von innen reich und schön,
Der wird von außen nicht nach Schmuck und Reichtum stehn.

28

Der Weise begehrt nicht in Himmel

Der Weise, wann er stirbt, begehrt in Himmel nicht,
Er ist zuvor darin, eh ihm das Herze bricht.

29

Die Liebe ist der Weisen Stein

Lieb ist der Weisen Stein: sie scheidet Gold aus Kot,
Sie machet Nichts zu Ichts und wandelt mich in Gott.

30

Man muß sein, was man nicht verlieren will

Der Weis' ist, was er hat. Willst du das Feinperlein
Des Himmels nicht verlieren, so muß dus selber sein.

31

Der Weise fehlt nie des Ziels

Der Weise fehlet nie, er trifft allzeit das Ziel;
Er hat ein Augenmaß, das heißet: wie Gott will.

32

Der Erste kriegt den Preis

Lauf nach dem Ehrenpreis, du mußt der Erste sein,
Du trägest nichts davon, kriegst du ihn nicht allein.

33

Wer in dem Wirken ruht

Der Weise, welcher sich hat über sich gebracht,
Der ruhet, wenn er lauft, und wirkt, wenn er betracht.

34

Ein Wurm beschämet uns

O Spott! Ein Seidenwurm, der wirkt, bis er kann fliegen,
Und du bleibst, wie du bist, nur auf der Erde liegen!

35

Die Schwachen müssen warten

Du armes Vögelein, kannst du nicht selber fliegen,
So bleib doch mit Geduld, bis du mehr Kraft hast, liegen.

36

Es will geübet sein

Versuch, mein Täubelein, mit Übung lernt man viel;
Wer nur nicht sitzen bleibt, der kommt doch noch zum Ziel.

37

Dem Kleinen ist alles Kleine groß

Kind, wachs und werde groß: so lange du noch klein,
So lange dünkt dich alls, was klein ist, groß zu sein.

38

Du mußt der Himmel sein

In' Himmel kommst du nicht (laß nur von dem Getümmel),
Du seist dann selbst zuvor ein lebendiger Himmel.

39

Wann du willst, wirst du selig

Gott läßt dich jede Zeit gar gern in' Himmel ein;
Es stehet nur bei dir, ob du willst selig sein.

40

Auf Gottes Seite ist kein Mangel

Gott wirkt ohn Unterlaß; er gösse tausend Freuden
In dich auf einmal ein, wo du Ihn könntest leiden.

41

Wie die Schule, so die Lehre

In Schulen dieser Welt wird Gott uns nur beschrieben;
Ins Heilgen Geistes Schul lernt man Ihn schaun und lieben.

42

Ein jeder von dem Seinen

Der Schiffmann redt vom Meer, der Jäger von den Hunden,
Der Geizige vom Gold und ein Soldat von Wunden:
Mir, weil ich bin verliebt, will anders nichts gebührn,
Als Gott und Seine Lieb im Munde stets zu führn.

43

Vom ewigen Bewegen

Du suchst mit solchem Fleiß das ewige Bewegen,
Und ich die ewge Ruh: woran ist mehr gelegen?

44

Nichts ist groß als Gott

Nichts ist mir groß als Gott. Ein göttliches Gemüte
Schätzt auch den Himmel selbst für eine kleine Hütte.

45

Was die Kreatur gegen Gott

Was ist ein Stäubelein in Anschauung der Welt?
Und was bin ich, wenn man, Gott, gegen Dir mich hält?

46

Man weiß nicht, was man ist

Ich weiß nicht, was ich bin, ich bin nicht, was ich weiß,
Ein Ding und nicht ein Ding, ein Tüpfchen und ein Kreis.

47

Von der Eitelkeit

Wend ab dein Angesicht vom Glast der Eitelkeit,
Je mehr man ihn beschaut, je mehr wird man verleit;
Jedoch kehrs wieder hin, denn wer ihn nicht betracht,
Der ist schon halb von ihm gefällt und umgebracht.

48

Du mußt dich übersetzen

Der Leib muß sich in Geist, der Geist in Gott erheben,
Wo du in ihm, mein Mensch, willst ewig selig leben.

49

Das Gerufe der Kreaturen

Mensch, alles schreit dich an und predigt dir von Gott,
Hörst du nicht, daß es ruft: lieb Ihn! so bist du tot.

50

In Sanftmut wohnet Gott

Besänftige dein Herz; Gott ist in starken Winden,
In Erdbewegungen und Feuer nicht zu finden.

51

Aus dem Beschaun entsteht die Liebe

Die Liebe folgt aufs Schaun. Schau an die ewgen Dinge,
So liebst du sie alsbald und hältst sonst alls geringe.

52

Der Taube hört das Wort

Freund, glaub es oder nicht, ich hör in jedem Nu,
Wann ich bin taub und stumm, dem ewgen Worte zu.

53

Mit Schweigen höret man

Das Wort schallt mehr in dir als in des andern Munde;
So du ihm schweigen kannst, so hörst du es zur Stunde.

54

Wenn man Gott reden hört

Wenn du an Gott gedenkst, so hörst du Ihn in dir;
Schwiegst du und wärest still, Er redte für und für.

55

Beschaulichkeit

Sei rein, schweig, weich und steig auf in die Dunkelheit,
So kommst du über alls zur Gottsbeschaulichkeit.

56

Göttliche Beschauung

Das überlichte Licht schaut man in diesem Leben
Nicht besser, als wann man ins Dunkle sich begeben.

57

Das Innere bedarf nicht des Äußeren

Wer seine Sinnen hat ins Innere gebracht,
Der hört, was man nicht redt, und siehet in der Nacht.

58

Der Mensch lebt nicht vom Brot allein

Das Brot ernährt dich nicht: was dich im Brote speist,
Ist Gottes ewigs Wort, ist Leben und ist Geist.

59

Man muß sich von oben herab ansehn

Du dünkst dich viel zu sein: ach, wärst du über dir
Und schautest dich dann an, du sähst ein schlechtes Tier.

60

Die selige Nachtstille

Merk, in der stillen Nacht wird Gott ein Kind geborn
Und wiederum ersetzt, was Adam hat verlorn:
Ist deine Seele still und dem Geschöpfe Nacht,
So wird Gott in dir Mensch und alles wiederbracht.

GOTT

1

Die Wohnung Gottes

Gott wohnet in sich selbst, Sein Wesen ist Sein Haus,
Drum gehet er auch nie aus Seiner Gottheit aus.

2

Gott nichts und alles

Gott ist ein Geist, ein Feur, ein Wesen und ein Licht,
Und ist doch wiederum auch dieses alles nicht.

3

Der unerkannte Gott

Was Gott ist, weiß man nicht: Er ist nicht Licht, nicht Geist,
Nicht Wahrheit, Einheit, Eins, nicht was man Gottheit heißt;
Nicht Weisheit, nicht Verstand, nicht Liebe, Wille, Güte,
Kein Ding, kein Unding, auch kein Wesen, kein Gemüte:
Er ist, was ich und du und keine Kreatur,
Eh wir geworden sind, was Er ist, nie erfuhr.

4

Gott ist nicht tugendhaft

Gott ist nicht tugendhaft; aus Ihm kommt Tugend her,
Wie aus der Sonn die Strahln und Wasser aus dem Meer.

5

Gott kann sich selbst nicht messen

Gott ist so hoch und groß, wollt Er sich selber messen,
Er würd, obgleich Er Gott, des Maßstabs Zahl vergessen.

6

Gott weiß sich keinen Anfang

Du fragst, wie lange Gott gewest sei, um Bericht;
Ach schweig: es ist so lang, Er weiß es selber nicht.

7

Die Tiefe, Höhe, Breite und Länge Gottes

Durch Weisheit ist Gott tief, breit durch Barmherzigkeit,
Durch Allmacht ist Er hoch, lang durch die Ewigkeit.

8

Gott wird, was Er will

Gott ist ein ewger Geist, der alls wird, was Er will,
Und bleibt doch, wie Er ist, unformlich und ohn Ziel.

9

Gottes Eigenschaft

Was ist Gotts Eigenschaft? Sich in's Geschöpf ergießen,
Allzeit derselbe sein, nichts haben, wollen, wissen.

10

Die Gottheit

Die Gottheit ist ein Brunn, aus Ihr kommt alles her
Und lauft auch wieder hin; drum ist Sie auch ein Meer.

11

Durch dich entwird Gott nichts

Mensch, wähle was du willst, Verdammnis oder Ruh,
Es gehet Gott durch dich nichts ab und auch nichts zu.

12

Das Licht ist nicht Gott selbst

Licht ist des Herren Kleid; gebricht dir gleich das Licht,
So wisse, daß dir doch Gott noch nicht selbst gebricht.

13

Die unerforschliche Ursache

Gott ist sich selber alls: Sein Himmel, Seine Lust:
Warum schuf Er dann uns? es ist uns nicht bewußt.

14

Das Unaussprechliche

Denkst du den Namen Gotts zu sprechen in der Zeit,
Man spricht ihn auch nicht aus in einer Ewigkeit.

15

Mit Schweigen wird's gesprochen

Mensch, so du willst das Sein der Ewigkeit aussprechen,
So mußt du dich zuvor des Redens ganz entbrechen.

16

Die Ewigkeit ist je länger je undurchschaulicher

Das Meer der Ewigkeit, je mehrs der Geist beschifft,
Je undurchschifflicher und weiter ers betrifft.

17

Gott kann allein vergnügen

Weg, weg, ihr Seraphim, ihr könnt mich nicht erquicken:
Weg, weg, ihr Heiligen, und was an euch tut blicken:
Ich will nun eurer nicht: ich werfe mich allein
Ins ungeschaffne Meer der bloßen Gottheit ein.

18

Auch von Gott

Gott ist noch nie gewest und wird auch niemals sein
Und bleibt doch nach der Welt, war auch vor ihr allein.

19

Je mehr Erkenntnis, je weniger Verständnis

Je mehr du Gott erkennst, je mehr wirst du bekennen,
Daß du je weniger Ihn, was Er ist, kannst nennen.

20

Ein wachendes Auge siehet

Das Licht der Herrlichkeit scheint mitten in der Nacht;
Wer kann es sehn? ein Herz, das Augen hat und wacht.

21

Das stillschweigende Gebet

Gott ist so über alls, daß man nichts sprechen kann,
Drum betest du Ihn auch mit Schweigen besser an.

22

Von Gott wird mehr gelogen als wahr geredt

Was du von Gott verjahst, dasselb ist mehr erlogen
Als wahr, weil du Ihn nur nach dem Geschöpf erwogen.

23

Gott lobt man in der Stille

Meinst du, o armer Mensch, daß deines Munds Geschrei
Der rechte Lobgesang der stillen Gottheit sei?

24

Das Erkennende muß das Erkannte werden

In Gott wird nichts erkannt: Er ist ein einig Ein.
Was man in Ihm erkennt, das muß man selber sein.

25

Gott wird wie wir

Gott gibt dir, wie du nimmst, du selbst schenkst aus und ein,
Er wird dir wie du willst, wie nach dem Faß der Wein.

26

Der Anbeter in Geist und in der Wahrheit

Wer in sich über sich in Gott verreisen kann,
Der betet Gott im Geist und in der Wahrheit an.

27

Das Unaussprechliche

Das Unaussprechliche, das man pflegt Gott zu nennen,
Gibt sich in einem Wort zu sprechen und zu kennen.

28

Gott redt am wenigsten

Niemand redt weniger als Gott ohn Zeit und Ort;
Er spricht von Ewigkeit nur bloß ein einzigs Wort.

29

Gottes einge Seligkeit

Gebärn ist selig sein. Gotts einge Seligkeit
Ist, daß Er Seinen Sohn gebiert von Ewigkeit.

30

Die Geburt Gottes währet immer

Gott zeuget Seinen Sohn; und weil es außer Zeit,
So währet die Geburt auch bis in Ewigkeit.

31

Gott der Freigebigste

Gott gibt sich ohne Maß; je mehr man Ihn begehrt,
Je mehr und mehr Er sich erbietet und gewährt.

32

Der Geist vertritt uns

Gott liebt und lobt sich selbst, so viel Er immer kann;
Er kniet und neiget sich, Er bet't sich selber an.

33

Der Kuß der Gottheit

Gott küßt sich in sich selbst, Sein Kuß der ist sein Geist,
Der Sohn ist, den Er küßt, der Vater, ders geleist.

34

Warum Gott Ruh und Freude hat

Weil Gott dreieinig ist, so hat Er Ruh und Lust;
Ruh kommt von Einheit her, Lust von der Dreiheit Brust.

35

Der Punkt, die Linie und Fläche

Gott Vater ist der Punkt; aus Ihm fleußt Gott der Sohn,
Die Linie; Gott der Geist ist beider Fläch und Kron.

36

Gleichnis der hl. Dreieinigkeit

Gott Vater ist der Brunn; der Quell, der ist der Sohn;
Der Heilige Geist, der ist der Strom, so fleußt davon.

37

Der da war, ist und kommen wird

Der Vater war zuvor, der Sohn ist noch zur Zeit,
Der Heilge Geist wird sein im Tag der Herrlichkeit.

38

Wie man Gottes Tochter, Mutter und Braut wird

Gotts Tochter, Mutter, Braut kann jede Seele werden,
Die Gott zum Vater, Sohn und Bräutgam nimmt auf Erden.

39

Das Gleichnis der Dreieinigkeit

Der Sinn, der Geist, das Wort, die lehren klar und frei,
(So du es fassen kannst) wie Gott dreieinig sei.

40

Noch von dieser

In Christo sterben wir, stehn auf im Heilgen Geist,
Im Vater werden wir für Kinder Gotts gepreist.

41

Die geheime Wiedergeburt

Aus Gott wird man geborn, in Christo stirbet man,
Und in dem Heilgen Geist fäht man zu leben an.

42

Wirkung der Heilgen Dreifaltigkeit

Der Sohn erlöset uns, der Geist, der macht uns leben,
Des Vaters Allmacht wird uns die Vergöttung geben.

43

Gott ist allenthalben ganz

O Wesen, dem nichts gleich! Gott ist ganz außer mir,
Und inner mir auch ganz, ganz dort und auch ganz hier.

44

Gott über alle Gaben

Ich bitte Dich, mein Gott, zwar oft um Deine Gaben,
Doch wisse, daß ich Dich viel lieber selbst will haben.
Drum gib mir, was Du willst, es sei auch ewges Leben:
Gibst Du mir Dich nicht selbst, so hast Du nichts gegeben.

IN GOTTES SOHN

1

Wie man so selig als Gott wird

Gott ist das Seligste. Willst du so selig sein,
So dring in die Geburt des Sohnes Gottes ein.

2

Wer Gott siehet

Gott ist ein ewger Blitz; wer kann Ihn sehn und leben?
Wer sich in Seinen Sohn, Sein Ebenbild, begeben.

3

Die geistliche und ewige Geburt sind eins

Die geistliche Geburt, die sich in mir eräugt,
Ist eins mit der, durch die den Sohn Gott Vater zeugt.

4

Verwunderung über der Gemeinschaft Gottes

Es ist erstaunensvoll, daß ich, Staub, Asch und Kot,
So freundlich und gemein mich machen darf mit Gott.

5

Der Strahl wird die Sonne

Mein Geist, kommt er in Gott, wird selbst die ewge Wonne,
Gleichwie der Strahl nichts ist als Sonn in Seiner Sonne.

6

Gott liebt nichts außer Christo

So lieb Gott eine Seel in Christi Glanz und Licht,
So unlieb ist sie Ihm, im Fall er ihr gebricht.

7

Der Mensch ist eine Kohle

Mensch, du bist eine Kohl, Gott ist dein Feur und Licht;
Du bist schwarz, finster, kalt, liegst du in Ihme nicht.

8

Die Seele kommt von Gott

Die Seel ist eine Flamm, aus Gott dem Blitz gegangen;
Ach, sollte sie dann nicht in Ihn zurückgelangen?

9

Der Mensch ist groß für Gott

Wie groß sind wir gesehn! die hohen Seraphim
Verdecken sich für Gott; wir dürfen bloß zu Ihm.

10

Gott liebet sich allein

Er ist gewißlich wahr, Gott liebet sich allein,
Und wer sein ander Er in Seinem Sohn kann sein.

11

Gott kommt, eh du Ihn begehrest

Wenn dich nach Gott verlangt und wünschst Sein Kind zu sei
Ist Er schon vor in dir und gibt dir solches ein.

12

Der Sohn Gottes wird in dir geboren

Mensch, schickst du dich darzu, so zeugt Gott Seinen Sohn
All Augenblick in dir, gleichwie in Seinem Thron.

13

Wer nicht von Gott geschieden kann werden

Wen Gott zu Seinem Sohn geboren hat auf Erden,
Der Mensch kann nimmermehr von Gott geschieden werden.

14

Die ewge Gnadenwahl

Ach, zweifele doch nicht; sei nur aus Gott geborn,
So bist du ewiglich zum Leben auserkorn.

15

Der Sohn führet des Vaters Namen

Sag, was uns endlich Gott für einen Namen gibt,
Die Er in Seinem Sohn für Sohn aufnimmt und liebt?
Fragst du und nennst Ihn Gott, so mußt du ja bekennen,
Daß Er uns anders nicht als Götter könne nennen.

16

Viel Götter und nur einer

Ein einger Gott und viel, wie stimmt dies überein?
Gar schöne: weil sie all in Einem Einer sein.

17

Gott ist mein Punkt und Kreis

Gott ist mein Mittelpunkt, wenn ich Ihn in mich schließe;
Mein Umkreis dann, wenn ich aus Lieb in Ihn zerfließe.

18

Gott kann mehr viel als wenig

Nichts ist, was Gott nicht kann. Hör, Spötter, auf zu lachen,
Er kann zwar keinen Gott, wohl aber Götter machen.

19

Du mußt es selber sein

Frag nicht, was göttlich sei, denn so du es nicht bist,
So weißt du es doch nicht, ob du's gleich hörst, mein Christ

20

Wer Gott ist, siehet Gott

Weil ich das wahre Licht, so wie es ist, soll sehn,
So muß ich's selber sein, sonst kann es nicht geschehn.

21

Du mußt vergöttet werden

Christ, es ist nicht genug, daß ich in Gott nur bin;
Ich muß auch Gottessaft zum Wachsen in mich ziehn.

22

Die Macht der Seelen

Die Seel ist groß von Macht, Gott selbst muß ihr gestehn
Und kann ihr nimmermehr ohn ihren Willn entgehn.

23

Das Edelste und Schnödeste

Nichts Edlers ist nach Gott als meine Seel allein;
Wendt sie sich von Ihm ab, so kann nichts Schnöders sein.

24

Wer Gott dient, ist hoch edel

Mir dient die ganze Welt; ich aber dien allein
Der ewgen Majestät. Wie edel muß ich sein!

25

Was Gott am liebsten tut

Das liebste Werk, das Gott so inniglich liegt an,
Ist, daß Er Seinen Sohn in dir gebären kann.

26

Der wesentliche Dank

Der wesentlichste Dank, den Gott liebt wie Sein Leben,
Ist, wenn du dich bereitst, daß Er sich selbst kann geben.

27

Wer will, wird Gott geboren

Von Gott wird Gott geborn; soll Er dich denn gebärn,
So mußt du Ihm zuvor den Willn darzu gewährn.

28

Gott macht mit Hilfe der Kreatur das Beste

Den ersten Adam, den hat Gott allein gemacht,
Den andern hat Er mit mir zuwege bracht.

29

Gott geht doch etwas ab

Man sagt, Gott mangelt nichts, Er darf nicht unsrer Gaben;
Ists wahr, was will Er dann mein armes Herze haben?

30

Gott selbst ist unsre Weide

Schaut doch das Wunder an! Gott macht sich so gemein,
Daß Er auch selber will der Lämmer Weide sein.

31

Gott dürstet, tränk ihn doch

Gott selber klaget Durst; ach, daß du Ihn so kränkest,
Und nicht, wie jenes Weib, die Samaritin, tränkest!

32

Gott blüht aus Seinen Zweigen

Bist du aus Gott geborn, so blühet Gott in dir,
Und seine Gottheit ist dein Saft und deine Zier.

33

Eins kanns nicht ohn das andre

Zwei müssen es vollziehn; ich kanns nicht ohne Gott,
Und Gott nicht ohne mich, daß ich entgeh dem Tod.

34

Man kann auch Gott verwunden

Gott wird von nichts verletzt, hat nie kein Leid empfunden
Und doch kann meine Seel Ihm gar das Herz verwunden.

35

Wer zuviel glaubt

Es ist zwar wahr, daß Gott dich selig machen will;
Glaubst du, Er wills ohn dich, so glaubest du zu viel.

36

Gott kann nicht alls allein

Gott, der die Welt gemacht und wieder kann zunichten,
Kann nicht ohn meinen Willn die Neugeburt ausrichten.

37

Das geistliche Feuerzeug

Mein Herz ists Feuerzeug, der Zunder guter Wille;
Schlägt Gott ein Fünklein drein, so brennts und leuchts die Fülle.

38

Das ewge Ja und Nein

Gott spricht nur immer Ja, der Teufel saget Nein;
Drum kann er auch mit Gott nicht Ja und eines sein.

39

Wir sollens Gott wieder sein

Gott, der bequemt sich uns, Er ist uns, was wir wollen;
Weh uns, wenn wir Ihm auch nicht werden, was wir sollen.

40

Der Mensch ist nichts, Gott alles

Ich bin nicht Ich noch Du: Du bist wohl Ich in mir,
Drum geb ich Dir, mein Gott, allein die Ehrgebür.

41

Die höchste Benedeiung

Kein Mensch hat niemals Gott so hoch gebenedeit,
Als der ihm, daß er ihm zum Sohn gebührt, verleiht.

42

Höchste Geburt, höchste Freude

Die höchste Freud und Lust, die Gott mir kann gewährn,
Ist, daß Er ewig wird mich Seinen Sohn gebärn.

43

Der Punkt der Seligkeit

Der Punkt der Seligkeit besteht in dem allein,
Daß man muß wesentlich aus Gott geboren sein.

44

Aus und ein, Gebären und Geboren sein

Wenn du in Wahrheit kannst aus Gott geboren sein
Und wieder Gott gebärn, so gehst du aus und ein.

45

Warum niemand von Engeln besessen wird

Wie, daß kein heilges Herz von Engeln wird besessen?
Sie tuns nicht, weil es Gott für sich hat abgemessen.

46

Das Meer in einem Tröpflein

Sag an, wie geht es zu, wenn in ein Tröpfelein,
In mich, das ganze Meer, Gott ganz und gar fleußt ein?

47

Der Überfluß der Seligen

Gott schenkt den Seligen so überflüssig ein,
Daß sie mehr in dem Trank, als der in ihnen, sein.

48

Von Gott

Gott ist ein solches Gut, je mehr man Ihn empfindt,
Je mehr man Ihn begehrt, verlangt und liebgewinnt.

49

Wie Gott in der Heiligen Seele

Fragst du, wie Gott, das Wort, in einer Seele wohne?
So wisse: wie das Licht der Sonnen in der Welt,
Und wie ein Bräutgam sich in seiner Kammer hält,
Und wie ein König sitzt in seinem Reich und Throne,
Ein Lehrer in der Schul, ein Vater bei dem Sohne,
Und wie ein teurer Schatz in einem Ackerfeld,
Und wie ein lieber Gast in einem schönen Zelt,
Und wie ein Kleinod ist in einer guldnen Krone,
Wie eine Lilie in einem Blumental,
Und wie ein Saitenspiel bei einem Abendmahl,
Und wie ein Zimmetöl in einer Lamp entzunden,
Und wie das Himmelbrot in einem reinen Schrein,
Und wie ein Garten-Brunn, und wie ein kühler Wein:
Sag, ob Er anders wo so schöne wird gefunden?

DIE ARME LIEBE

1

Eins muß verlassen sein

Mensch, anders kanns nicht sein: du mußt's Geschöpfe lassen,
Wo du den Schöpfer selbst gedenkest zu umfassen.

2

Wer viel verläßt, empfäht viel

Laß alles, was du hast, auf daß du alles nimmst,
Verschmäh die Welt, daß du sie hundertfach bekömmst.

3

Nichts ist der beste Trost

Nichts ist der beste Trost; entzeucht Gott Seinen Schein,
So muß das bloße Nichts dein Trost und Untrost sein.

4

Der Gelassene ist schon selig

Ein Mensch, der Gott sich läßt in allen Fälln und Weisen,
Den kann man wahrlich schon im Leibe selig preisen.

5

Nichts werden ist Gott werden

Nichts wird, was zuvor ist; wirst du nicht vor zu nicht,
So wirst du nimmermehr geborn vom ewgen Licht.

6

Eben von derselben

Geh aus, so geht Gott ein; stirb dir, so lebst du Gott;
Sei nicht, so ist es Er; tu nichts, so gschicht's Gebot.

7

Man soll den Geber nehmen

Mensch, laß die Gaben Gotts und eil Ihm selbsten zu,
Wo du an Gaben bleibst, so kömmst du nicht zur Ruh.

8

Nimm also, daß du hast

Mensch, nimmst du Gott als Trost, als Süßigkeit und Licht,
Was hast du dann, wenn Trost, Licht, Süßigkeit gebricht?

9

Wer trinkt den Lebensbrunn?

Wer dorten bei dem Brunn des Lebens denkt zu sitzen,
Der muß zuvor allhier den eignen Durst ausschwitzen.

10

Das größte Werk

Das allergrößte Werk, das du für Gott kannst tun,
Ist ohn ein einzigs Werk Gott leiden und Gott ruhn.

11

Was die geistliche Ruh ist

Die Ruh, die Gott begehrt, die ist von Sünden rein,
Begier- und willenlos, gelassen, innig sein.

12

Was Gott vom Menschen fordert

Gott fordert nichts von dir, als daß du Ihm sollst ruhn;
Tust du dies, so wird Er das andre selber tun.

13

Die Gleichheit

Der Heilge nimmt es gleich: läßt ihn Gott liegen krank,
Er saget Ihm so gern als vor Gesundheit Dank.

14

Was ist Gelassenheit

Was ist Gelassenheit? Ich sag ohn Heuchelei,
Daß es in deiner Seel der Wille Jesu sei.

15

Der Heiligen größte Arbeit

Der Heilgen größtes Werk und Arbeit auf der Erden,
Ist Gott gelassen sein und Ihm gemeiner werden.

16

Der eigen Gesuch

Mensch, suchst du Gott um Ruh, so ist dir noch nicht recht,
Du suchest dich, nicht Ihn, bist noch nicht Kind, nur Knecht.

17

Das Mißtraun schmähet Gott

So du aus Mißvertraun zu deinem Gotte flehest
Und Ihn nicht sorgen läßt, schau, daß du Ihn nicht schmähest.

18

Die geheimste Gelassenheit

Gelassenheit fäh't Gott; Gott aber selbst zu lassen,
Ist ein Gelassenheit, die wenig Menschen fassen.

19

Gott ist nicht beweglich

Wer saget, daß sich Gott vom Sünder abgewendt,
Der gibet klar an Tag, daß er Gott noch nicht kennt.

20

Gott ist allem gleiche nahe

Gott ist dem Beelzebub nah wie dem Seraphin;
Nur daß Beelzebub den Rücken dreht auf Ihn.

21

Die Abgeschiedenheit

Weil Abgeschiedenheit sich niemand macht gemein,
So muß sie ohne Sucht und eine Jungfrau sein.

22

Die kluge und törichte Schönheit

Die kluge Jungfrau hat ihrn Schmuck in sich allein,
Die Törin denkt sich schön in schönen Kleidern sein.

23

Der Heilige trauert nie

Der Heilige kann nie im Geist betrübet sein;
Warum? er lobt Gott stets auch in der größten Pein.

24

Die Gelassenheit

Freund, glaub es: heißt mich Gott nicht in den Himmel geh
So will ich lieber hier auch in der Hölle stehn.

25

Die Tiefe der Demut

Die Demut senket sich in solchen Abgrund ein,
Daß sie sich schnöder schätzt, als alle Teufel sein.

26

Die Hölle muß man schmecken

Christ, einmal muß man doch im Schlund der Hölle sein:
Gehst du nicht lebendig, so mußt du tot hinein.

27

Dem Toten ist alles tot

Wenn du gestorben bist, so scheinet dir von Not,
Mein Mensch, die ganze Welt und alls Geschöpfe tot.

28

Der Tote höret nicht

Ein abgestorbner Mensch, ob man ihm übel spricht,
Bleibt unbewegt. Warum? die Toten hören nicht.

29

Die unvollkommne Gelassenheit

Wer in der Hölle nicht kann ohne Hölle leben,
Der hat sich noch nicht ganz dem Höchsten übergeben.

30

Mit Gott vereinigt sein, ist gut für ewge Pein

Wer Gott vereinigt ist, denn kann Er nicht verdammen,
Er stürze sich denn selbst mit Ihm in Tod und Flammen.

31

Das Höllische brennt nur

Die Hölle schadt mir nichts, wär ich gleich stets in ihr;
Daß dich ihr Feuer brennt, das lieget nur an dir.

32

Wo die Zeit am längsten

Je weiter man von Gott, je tiefer in der Zeit:
Drum ist den Höllischen ein Tag ein Ewigkeit.

33

Was Gott den Seligen und Verdammten ist

Gott ist den Seligen ein ewger Freudengast
Und den Verdammeten ein ewge Überlast.

34

Verdammnis ist im Wesen

Könnt ein Verdammter gleich im höchsten Himmel sein,
So fühlet er doch stets die Höll und ihre Pein.

35

Der herrliche Tod

Christ, der ist herrlich tot, der allem abgestorben
Und sich dadurch den Geist der Armut hat erworben.

36

Armut ist das Wesen aller Tugenden

Die Laster sind bestrickt, die Tugenden gehn frei;
Sag, ob die Armut nicht ihr aller Wesen sei?

37

Wer Friede sucht, muß viel übersehn

Mensch, wenn du so genau das deine willst beschützen,
So wirst du nimmermehr im wahren Frieden sitzen.

38

An den Sünder

Du schreiest auf den Dieb und schiltst ihn unverhohlen;
Schweig, du hast Gott viel mehr als er der Welt gestohlen.

39

Dein Herz, wann's leer, ist besser

Ach Elend, unser Gott muß in dem Stalle sein!
Räum aus, mein Kind, dein Herz und gibs Ihm eilends ein.

40

Armut ist göttlich

Gott ist das ärmste Ding, Er steht ganz bloß und frei;
Drum sag ich recht und wohl, daß Armut göttlich sei.

41

Man muß sich selbst entwachsen

Entwächsest du dir selbst und aller Kreatur,
So wird dir eingeimpft die göttliche Natur.

42

Gott sterben und Gott leben

Stirb oder leb in Gott, du tust an beiden wohl;
Weil man Gott sterben muß und Gott auch leben soll.

43

Des Heiligen Reichtum

Sei arm, der Heilige hat nichts in dieser Zeit,
Als was er ungern hat, den Leib der Sterblichkeit.

44

Alles um alles

Die Seligkeit ist alls. Wer alles will erheben,
Der muß auch zuvoran hier alls um alles geben.

45

Der geistliche Opferzeug

Mein Herz ist ein Altar, mein Will ists Opfer-Gut,
Der Priester meine Seel, die Liebe Feur und Glut.

46

Die Liebe

Die Lieb ist wie der Tod, sie tötet meine Sinnen,
Sie brichet mir das Herz und führt den Geist von hinnen.

47

Die Liebe Gottes ist wesentlich

Die Liebe gegen Gott steht nicht in Süßigkeit,
Süß ist ein Zufall nur: sie steht in Wesenheit.

48

Die Liebe zeucht zum Geliebten

Die Lieb ist das Gewicht. Ists wahr, daß wir Gott lieben,
So werden wir von ihr stets hin zu Gott getrieben.

49

Man kann Gott nicht lieben ohne Gott

Mensch, liebete sich Gott nicht selbst durch sich in dir,
Du könntest nimmermehr Ihn lieben nach Gebühr.

50

Die Natur Gottes

Die Lieb ist Gotts Natur, Er kann nicht anders tun;
Drum, wo du Gott willst sein, lieb auch in jedem Nun.

51

Die Liebe zwinget Gott

Das Himmelreich wird leicht erobert und sein Leben;
Belagre Gott mit Lieb, Er muß dirs übergeben.

52

Die geistliche Jagd

Wie wohl wirst du gejagt von Hunden, lieber Christ,
So du nur williglich die Hindin Gottes bist.

53

Trauben von Dornen

Wer einen Neider liebt und Guts von Feinden spricht,
Sag, ob derselbe nicht von Dornen Trauben bricht?

54

Arznei der kranken Liebe

Ein Herz, das krank vor Lieb, wird eher nicht gesund,
Bis es Gott ganz und gar durchstochen und verwundt.

55

Das Lebens-Buch

Gott ist des Lebens Buch, ich steh in ihm geschrieben
Mit Seines Lammes Blut: wie sollt Er mich nicht lieben?

56

Vom Lieben

Mensch, willst und liebst du nichts, so willst und liebst du wohl,
Wer gleich liebt, was er will, liebt doch nicht, was er soll.

57

Die Lieb ist tot

Ach, ach, die Lieb ist tot! wie ist sie denn gestorben?
Für Frost, weil niemand sie geacht, ist sie verdorben.

58

Die Tugend ohne Liebe gilt nichts

Die Tugend nackt und bloß kann nicht für Gott bestehn,
Sie muß mit Liebe sein geschmückt, dann ist sie schön.

59

Die Tugend

Die Tugend, spricht der Weis', ist selbst ihr schönster Lohn:
Meint ers nur zeitlich hier, so halt ich nichts davon.

60

Der Gerechte hat kein Gesetz

Für Bös' ist das Gesetz: wär kein Gebot geschrieben,
Die Frommen würden doch Gott und den Nächsten lieben.

61

Der Allerverliebteste der Allerheiligste

Wer ist der Heiligste? der mehr verliebet ist;
Die Liebe machts, daß man für heilig wird erkiest.

62

Der Liebe Belohnung

Die Liebe hat Gott selbst zum wesentlichen Lohn,
Er bleibet ewiglich ihr Ruhm und Ehren-Kron.

63

Warum Gott ewigen Lohn gibt

Gott muß die Heiligen mit ewgem Lohn belohnen,
Weil sie Ihm, wo Er wollt, auch ewig würden fronen.

KRIPPE UND KREUZ

1

Christus ist der erste und letzte Mensch

Der erst und letzte Mensch ist Christus selbst allein,
Weil all aus Ihm entstehn, in Ihm beschlossen sein.

2

Was Menschheit ist

Fragst du, was Menschheit sei? Ich sage dir bereit:
Es ist, mit einem Wort, die Über-Engelheit.

3

Die Liebe hats erfunden

Daß Gott gekreuzigt wird, daß man Ihn kann verwunden,
Daß Er die Schmach verträgt, die man Ihm angetan,
Daß Er solch Angst aussteht, und daß Er sterben kann!
Verwundere dich nicht: die Liebe hats erfunden.

4

Gott wird, was Er nie war

Der ungewordne Gott wird mitten in der Zeit,
Was Er nie ist gewest in aller Ewigkeit.

5

Der Kreis im Punkte

Als Gott verborgen lag in eines Mägdleins Schoß,
Da war es, da der Punkt den Kreis in sich beschloß.

6

Gott – Mensch

Je, denkt doch, Gott wird ich und kommt ins Elend her,
Auf daß ich komm ins Reich und möge werden Er!

7

Die unerhörte Bekehrung

Es kehrt sich alles um: die Burg ist in der Höhle,
Die Krippe wird ein Thron, der Tag kommt in der Nacht,
Die Jungfrau bringt ein Kind: ach Mensch, sei auch bedacht
Daß sich verkehre wohl dein Herze, Geist und Seele.

8

Die Lieb ist ein Magnet

Die Lieb ist ein Magnet, sie ziehet mich in Gott,
Und was noch größer ist, sie reißet Gott in Tod.

9

Der gute Tausch

Mensch, gibst du Gott dein Herz, Er gibt dir Seines wieder;
Ach, welch ein werter Tausch! du steigest auf, Er nieder.

10

Die wunderliche Umwechslung

Schaut, Wunder! Gottes Sohn wird jung in lauter Freuden,
Und muß mit lauter Angst von hinnen wieder scheiden;
Wir kommen auf die Welt mit Tränen und vergehn
Mit Lachen, wo wir recht in Seinem Geiste stehn.

11

Von dem Jesuskinde an der Mutter Brüsten

Wie schlecht ist Gottes Sohn bewirtet auf dem Heu,
Man siehet nichts um Ihn als lauter Armutei;
Er achtets aber nicht und läßt sich wohl genügen,
Weil Er kann an der Brust der süßen Mutter liegen.

12

Das Große im Kleinen

Du sprichst, das Große kann nicht in dem Kleinen sein,
Den Himmel schleußt man nicht ins Erdentüpfchen ein.
Komm, schau der Jungfraun Kind; so siehst du in der Wiegen
Den Himmel und die Erd und hundert Welten liegen.

13

Ich die Ursach

Sag, allerliebstes Kind, bin ich's, um den Du weinst?
Ach ja, Du siehst mich an, ich bin's wohl, den Du meinst.

14

Die drei geistlichen Weisen

Drei Weisen tragen Gott in mir drei Gaben an:
Der Leib Zerknirschungs-Myrrhn, die Seele Gold der Liebe,
Der Geist den Weiherauch der Andacht, wie er kann:
Ach daß ich nimmerdar so dreimal weise bliebe!

15

Der eingemenschte Gott

Gott trinkt der Menschheit Milch, läßt Seiner Gottheit Wein:
Wie sollt Er dann nunmehr nicht gar durchmenschet sein.

16

Die geheime Seelenflucht

Herodes ist der Feind, der Joseph der Verstand,
Dem macht Gott die Gefahr im Traum (im Geist) bekannt;
Die Welt ist Bethlehem, Ägypten Einsamkeit,
Fleuch, meine Seele, fleuch, sonst stirbest du für Leid.

17

Gott sieht die Ankunft an

Die Ankunft hilft doch viel; weil Christus gnug getan,
So sieht Gott Sein Verdienst und Adel in uns an.

18

Gott liebt sich nicht als sich

Gott liebt sich nicht als sich, nur als das höchste Gut,
Darum schau, daß Er auch selbst, was Er befiehlet, tut.

19

Das Kreuz offenbart, was verborgen

In Trost und Süßigkeit kennst du dich selbst nicht, Christ,
Das Kreuze zeigt dir erst, wer du im Innern bist.

20

Die Schädelstätt

Ist dies die Schädelstatt? wie kommt es dann, daß hier
Die Ros und Lilge steht in unverwelkter Zier?
Und da der Lebensbaum? der Brunn mit den vier Flüssen?
Es ist das Paradies. Doch sei es, was es will,
Bei mir gilt diese Stätt unds Paradies gleich viel.

21

Was das Süßeste und Seligste

Nichts Süßers ist, als Gott ein Menschen-Kind zu sehn,
Nichts Selgers, als in sich fühln die Geburt geschehn.

22

Der Mensch ist etwas Großes

Der Mensch muß doch was sein! Gott nimmt sein Wesen an,
Um aller Engel willn hätt Er solchs nicht getan.

23

Er mir, ich Ihm

Wißt, Gott wird mir ein Kind, liegt in der Jungfrau Schoß,
Daß ich Ihm werde Gott und wachs Ihm gleich und groß.

24

Eins folgt und weicht dem andern

Eins ist des andern End und auch sein Anbeginn:
Wenn Gott geboren wird, so stirbet Adam hin.

25

Der verliebte Gott

Gott liebet mich allein, nach mir ist Ihm so bange,
Daß Er auch stirbt für Angst, weil ich Ihm nicht anhange.

26

Es mangelt nur an dir

Ach könnte nur dein Herz zu einer Krippe werden,
Gott würde noch einmal ein Kind auf dieser Erden.

27

In dir muß Gott geboren werden

Wird Christus tausendmal zu Bethlehem geboren
Und nicht in dir, du bleibst noch ewiglich verloren.

28

Das Äußre hilft dir nicht

Das Kreuz zu Golgatha kann dich nicht von dem Bösen,
Wo es nicht auch in dir wird aufgericht', erlösen.

29

Der Mensch muß das Leiden Christi erfüllen

Mensch, du sollst Paulus sein und in dir selbst erfüllen,
Was Christus nicht getan, wo sich der Zorn soll stillen.

30

Der Ölberg

Soll dich des Herren Angst erlösen von Beschwerden,
So muß dein Herze vor zu einem Ölberg werden.

31

Steh selbst von Toten auf

Ich sag, es hilft dir nicht, daß Christus auferstanden,
Wo du noch liegenbleibst in Sünd und Todesbanden.

32

Wenn die Himmelfahrt vorhanden

Wenn Gott in dir geborn, gestorben und erstanden,
So freue dich, daß bald die Himmelfahrt vorhanden.

33

Das Leiden Christi ist noch nicht gar vollbracht

Das Leiden Christi ist am Kreuz nicht gar vollbracht;
Er leidet heute noch bei Tag und auch bei Nacht.

34

Es muß ein jeder Christus sein

Der wahre Gottes Sohn ist Christus nur allein;
Doch muß ein jeder Christ derselbe Christus sein.

35

Die Nachreu kommt zu spät

Da Gott auf Erden ging, ward Er fast nicht geacht,
Nun Er im Himmel ist, beklagt Ihn jedermann,
Daß Ihm nicht größer Ehr ist worden angetan;
So töricht ist die Welt, daß sie's nicht vor bedacht.

MARIA

1

Die Welt ist von einer Jungfrau gemacht

Von einer Jungfrau ist die ganze Welt gemacht,
Durch eine Jungfrau wird sie neu und wiederbracht.

2

Wir habens besser als die Engel

Den Engeln geht es wohl; noch besser uns auf Erden,
Denn keiner ihrs Geschlechts kann Gotts Gemahlin werden.

3

Maria

Maria wird genennt ein Thron und Gotts Gezelt,
Ein Arche, Burg, Turm, Haus, ein Brunn, Baum, Garten, Spiegel,
Ein Meer, ein Stern, der Mond, die Morgenröt, ein Hügel.
Wie kann sie alles sein? sie ist ein andre Welt.

4

Die nächsten Gottes Gespielen

Gott ist nicht alles nah; die Jungfrau und das Kind,
Die zwei, die sind's allein, die Gotts Gespielen sind.

5

Von der Jungfrauen Maria

Das Weib umgibt den Mann, der Jungfrau wird vertraut
Der Held. Wie da? sie ist das Brautbett und auch Braut.

6

Die Wunder-Geburt

Maria ist Kristall, ihr Sohn ist himmlisch Licht;
Drum dringt Er ganz durch sie und öffnet sie doch nicht.

7

Von der allerseligsten Jungfrau

Der jungfräuliche Leib, der unser Himmelsbrot
In sich beschlossen hielt, ist wahrlich nicht mehr tot.
Es fault kein Cedernbaum: so wär es auch nicht fein,
Wenn außerm Tempel Gotts Sein Arche sollte sein.

8

Das unerhörte Wunder

Schaut doch, ihr Lieben, schaut, die Jungfrau säugt ein Kin
Von welchem ich und sie und ihr gesäuget sind.

9

Sei niemals sicher

Ach Jungfrau, sieh dich für; denn wann du Mutter worden,
So suchet stracks der Feind dein Kindlein zu ermorden.

10

Die geistliche Mutter Gottes

Marien Demut wird von Gott so wert geschätzt,
Daß Er auch selbst ihr Kind zu sein sich hoch ergötzt.
Bist du demütiglich wie eine Jungfrau rein,
So wird Gott bald dein Kind, du Seine Mutter sein.

11

Wann Gott empfangen wird

Alsdann empfähst du Gott, wann Seines Geistes Güte
Beschattet Seine Magd, die Jungfrau, dein Gemüte.

12

An die Jungfrau Maria

Sag an, o werte Frau, hat Dich nicht auserkorn
Die Demut, daß Du Gott empfangen und geborn?
Sag, ob's was anders ist? damit auch ich auf Erden
Kann eine Magd und Braut und Mutter Gottes werden.

13

Das Äußre tröst mich nicht

Was hilft mich's, Gabriel, daß du Mariam grüßt,
Wenn du nicht auch bei mir derselbe Bote bist!

14

Die innerliche Geburt Gottes

Ach Freude! Gott wird Mensch und ist auch schon geboren!
Wo da? in mir: Er hat zur Mutter mich erkoren.
Wie gehet es dann zu? Maria ist die Seel,
Das Krippelein mein Herz, der Leib, der ist die Höhl,
Die neu Gerechtigkeit sind Windeln und sind Binden,
Der Joseph Gottesfurcht, die Kräfte des Gemüts
Sind Engel, die sich freun, die Klarheit ist ihr Blitz,
Die keuschen Sinnen sind die Hirten, die Ihn finden.

15

Die Jungfrauschaft muß fruchten

Gott liebt die Jungfrauschaft um ihrer süßen Früchte,
Alleine läßt er sie nicht für Sein Angesichte.

16

Kinder und Jungfrauen

Ich liebe nichts so sehr als Kinder und Jungfrauen;
Warum? Im Himmel wird kein andres sein zu schauen.

KIRCHE

1

Die Heiligen messen Gott

Wer gründt die Tiefe Gotts? wer schätzt, wie hoch er flammt?
Wer mißt Ihn lang und breit? die Heilgen allesamt.

2

Nichts ist ihm selber

Der Regen fällt nicht ihm, die Sonne scheint nicht ihr,
Du auch bist anderen geschaffen und nicht dir.

3

Das Neu-Jerusalem

Das Neu-Jerusalem bist du für Gott, mein Christ,
Wenn du aus Gottes Geist ganz neugeboren bist.

4

Eigensinnigkeit reißt von Gott ab

Was nicht am Leibe bleibt, wird nicht vom Haupt geküßt;
Merks, Eigensinniger, daß du nicht Christi bist.

5

Das Glied hat des Leibes Wesen

Hast du nicht Leib und Seel und Geist mit Gott gemein,
Wie kannst du dann ein Glied im Leibe Jesu sein?

6

Die göttliche Weinrebe

Ich bin die Reb im Sohn, der Vater pflanzt und speist;
Die Frucht, die aus mir wächst, ist Gott der Heilge Geist.

7

Die Tugenden hängen alle aneinander

Die Tugenden sind so verknüpfet und verbunden:
Wer ein alleine hat, der hat sie alle funden.

8

Im Meer sind viel eins

Viel Körnlein sind ein Brot, ein Meer viel Tröpfelein,
So sind auch unser viel in Gott ein einges Ein.

9

Das Osterlamm

Der Juden Osterlamm war Fleisch und Blut von Tieren,
Und dennoch konnte sie der Würger nicht berühren;
Eß ich mein Osterlamm und zeichne mich mit Blut,
Das Sein verwundter Leib für mich vergießen tut,
So eß ich meinen Herrn, Gott, Bruder, Bräutgam, Bürgen:
Wer ist dann nu, der mich kann schlagen und erwürgen?

10

Am nächsten am besten

Mensch, werde Gott verwandt aus Wasser, Blut und Geist,
Auf daß du Gott in Gott aus Gott durch Gotte seist,
Wer Ihn umhalsen will, muß Ihm nur nicht allein
Befreundet, sondern gar Sein Kind und Mutter sein.

11

Wie Gott so allgemein

Wie allgemein ist Gott! Er hat der Bauernmagd
Die Kunst, wie man Ihn küßt, so wohl als dir gesagt.

12

Der dreifache Gottes-Kuß

Drei Stände küssen Gott: Die Mägde falln zu Füßen,
Die Jungfern nahen sich, die milde Hand zu küssen,
Die Braut so ganz und gar von Seiner Lieb ist wund,
Die liegt an Seiner Brust und küßt den Honigmund.

13

Wie Gott Herr, Vater und Bräutigam

Den Knechten ist Gott Herr, dir Vater, wo du Kind,
Mir ist Er Bräutigam, wenn Er mich Jungfrau findt.

14

Alle Menschen müssen ein Mensch werden

Der Vielheit ist Gott feind: drum zieht Er uns so ein,
Daß alle Menschen solln in Christo einer sein.

15

Du bist der erste Sünder

Schweig Sünder, schreie nicht die Ev und Adam an;
Wärn sie nicht vorgefalln, du hättests selbst getan.

16

Das Merkmal ist die Liebe

Mensch, wenn du willst im Volk die Freunde Gotts erfragen,
So schau nur, welche Lieb in Herz und Händen tragen.

17

Wie die Liebe die Sünden verzehrt

Wie du den Flachs unds Werk im Feuer siehst verschwinden,
So brennen auch hinweg durch Liebe deine Sünden.

18

Almosen geben macht reich

Der Arme, gibst du ihm, macht dich dem Reichen gleich.
Wie da? er trägt dir alls voran ins Himmelreich.

19

Was Gott am liebsten ist

Nichts ist, das Gott so sehr als eine Jungfrau liebt,
Daß Er auch ihr sich selbst zu Frucht und Kind ergibt:
Willst du Sein Liebstes sein noch hier auf dieser Erden,
So darfst du anders nichts als eine Jungfrau werden.

20

Die empfängliche Seel

Die Seel, die Jungfrau ist und nichts als Gott empfängt,
Kann Gottes schwanger sein, so oft sie dran gedenkt.

21

Die Braut Gottes

Die Braut des ewgen Gotts kann jede Seele werden,
Wo sie nur seinem Geist sich unterwirft auf Erden.

22

Das Weib auf dem Monden

Was sinnest du so tief? Das Weib im Sonnenschein,
Das auf dem Monden steht, muß deine Seele sein.

23

Aus dem Hohen Lied

Der König führt die Braut in' Keller selbst hinein,
Daß sie sich mag erwähln den allerbesten Wein;
So machts Gott auch mit dir, wann du bist Seine Braut,
Er hat nichts in sich selbst, das Er dir nicht vertraut.

Buchhandlung Herder
Kaiser-Joseph-Str. 180
79098 Freiburg

QUITTUNG

24.02.97/0088 15:54 06

Artikel	Mg.	Preis	MwSt.	Summe
WGR 1121 Theologie				
	1	12,00	7,00%	12,00

TOTAL	0,79	12,00
GEGEBEN Bar		12,00

Vielen Dank für Ihren Einkauf
Auf Wiedersehen.

24

Das geheime Nazareth und geistliche Verkündigung

Maria, Nazareth und Gabriel, der Bot,
Ist meine Seel, mein Herz und neues Licht von Gott.
Mein Herze zwar, wann es ein Blumental geworden,
Die Seele, wann sie steht im keuschen Jungfern Orden
Und wohnt in diesem Tal, das neue Gnaden-Licht,
Wann Gott Sein ewges Wort in ihrem Geiste spricht.

25

Die geistliche Hochzeit

Die Braut ist meine Seel, der Bräutgam Gottes Sohn,
Der Priester Gottes Geist, und Seiner Gottheit Thron
Ist der Vermählungsort; der Wein, der mich macht trunken,
Ist meines Bräutgams Blut, die Speisen allzumal
Sind Sein vergöttet Fleisch, die Kammer und der Saal
Und's Bett ists Vaters Schoß, in der wir sind versunken.

26

Das geistliche Orgelwerk

Gott ist ein Organist, wir sind das Orgelwerk,
Sein Geist bläst jedem ein und gibt zum Ton die Stärk.

27

Was Gott nicht tut, gefällt Ihm nicht

Gott muß der Anfang sein, das Mittel und das Ende,
Wo Ihm gefallen solln die Werke deiner Hände.

28

Gott höret auch die Stummen

Mensch, wo du Gott um Gnad nicht kannst mit Worten ehren,
So steh nur stumm für Ihm, Er wird dich schon erhören.

29

Das Lamm und auch der Löw

Wer alles untertritt und alles duldet fein,
Der muß ein Lamm und Löw in einem Wesen sein.

30

Die Bosheit hat kein Wesen

Mensch, wenn du durch das Blut des Lammes bist genesen,
So bist du ewiglich kein böser Mensch gewesen.

31

Ein jeder im Himmel freut sich ob dem andren

Der größte Heilige wird sich so hoch erfreun
Ob mir, als sehr ob ihm ich werde fröhlich sein.

32

Was ein Heilger hat, das ist der andern auch

Was hier die Heiligen mit großer Müh erlangt,
Wird in der Seligkeit mir alls umsonst geschankt.

33

Ein Heiliger sieht sich im andern

Ein jeder Heiliger wird sich in allen sehn,
Wann nicht all einer wärn, so könnt es nicht geschehn.

34

Der größte Trost nach Gott

Der größte Trost nach Gott dünkt mich im Himmel sein,
Daß man einander gleich ins Herze sieht hinein.

35

Im Himmel ist alles gemein

Im Himmel lebt man wohl; niemand hat was allein,
Was einer hat, das ist den Selgen alln gemein.

36

Ein jeder geneußt des andren Seligkeit

Marien Seligkeit und ihres Sohns, des süßen,
Werd ich so rölliglich als beide selbst genießen.

37

Der Jünger, den Gott liebt

Ein Mensch, der ganz und gar sich abwendt von der Welt
Und seinen Leib und Seel dem Herren heilig hält,
Stirbt noch verdirbet nicht, ob man ihm gleich vergibt;
Fragst du, warum? er ist der Jünger, den Er liebt.

38

Der Kinder ist's Himmelreich

Christ, so du kannst ein Kind von ganzem Herzen werden,
So ist das Himmelreich schon deine hier auf Erden.

39

Die Freiheit

Du edle Freiheit, du, wer sich nicht dir ergibet,
Der weiß nicht, was ein Mensch, der Freiheit liebet, liebet.

40

Mensch in Gott, Gott im Menschen

Wenn ich bin Gottes Sohn, wer es dann sehen kann,
Der schauet Mensch in Gott und Gott im Menschen an.

41

Kind und Gott

Kind oder Gott gilt gleich: hast du mich Kind genennt,
So hast du Gott in mir und mich in Gott bekennt.

42

Der geheime Gottes-Kuß

Gott küßt mich, Seinen Sohn, mit Seinem heilgen Geist,
Wenn Er mich liebes Kind in Christo Jesu heißt.

43

Ein Christ ist Kirch und alles

Was bin ich endlich doch? Ich soll die Kirch und Stein,
Ich soll der Priester Gottes und auch das Opfer sein.

44

Die geistliche Trunkenheit

Der Geist braust ja wie Most, die Jünger allesamt
Sind gleich den Trunkenen entzündt und angeflammt
Von seiner Hitz und Kraft: so bleibt es doch dabei,
Daß diese ganze Schar voll süßen Weines sei.

WELT IN GOTT

1

Der Himmel allenthalben

In Gott lebt, schwebt und regt sich alle Kreatur;
Ists wahr? was fragst du dann erst nach der Himmelspur?

2

Das Große ist im Kleinen verborgen

Der Umkreis ist im Punkt, im Samen liegt die Frucht,
Gott in der Welt: wie klug ist, der Ihn drinne sucht.

3

Alles in einem

In einem Senfkörnlein, so dus verstehen wilt,
Ist aller oberern und untrern Dinge Bild.

4

Gott ist überall herrlich

Kein Stäublein ist so schlecht, kein Tüpfchen ist so klein,
Der Weise siehet Gott ganz herrlich drinne sein.

5

Die Rose

Die Rose, welche hier dein äußres Auge sieht,
Die hat von Ewigkeit in Gott also geblüht.

6

Ohne warum

Die Ros ist ohn warum; sie blühet, weil sie blühet,
Sie acht nicht ihrer selbst, fragt nicht, ob man sie siehet.

7

Alles ist vollkommen

Mensch, nichts ist unvollkomm, der Kies gleicht dem Rubi
Der Frosch ist ja so schön als Engel Seraphin.

8

Alles in allem

Wie sah St. Benedikt die Welt in einer Kohlen?
Es ist in allem alls verborgen und verhohlen.

9

Die Wirkung der Hl. Dreifaltigkeit

Die Allmacht hält die Welt, die Weisheit, die regiert,
Die Güte segnet sie: wird hier nicht Gott gespürt?

10

Vom Sünder und Geiste Gottes

Der Geist des Herrn erfüllt den ganzen Erdenkreis,
Wo ist der Sünder dann, der ihn nicht fühlt noch weiß?

11

Alles kommt aus dem Verborgenen

Wer hätte das vermeint! aus Finsternis kommts Licht,
Das Leben aus dem Tod, das Etwas aus dem Nicht.

12

Die Welt vergehet nicht

Schau, diese Welt vergeht. Was? sie vergeht auch nicht,
Es ist nur Finsternis, was Gott an ihr zerbricht.

13

Die Einsamkeit

Die Einsamkeit ist not, doch sei nur nicht gemein:
So kannst du überall in einer Wüsten sein.

14

Der beste Freund und Feind

Mein bester Freund, mein Leib, der ist mein ärgster Feind:
Er bindt und hält mich auf, wie gut ers immer meint;
Ich haß und lieb ihn auch, und wann es kommt zum Scheiden,
So reiß ich mich von ihm mit Freuden und mit Leiden.

15

Die Welt soll man nicht anschaun

Wend ab dein Angesicht, die Welt, nur angeblickt,
Hat manches edles Blut verzaubert und berückt.

16

Die Welt muß beschaut sein

Kehr hin dein Angesicht und schau die eitle Welt,
Wer sie nicht recht betracht, der wird fürwahr gefällt.

17

Gott kann sich nicht verbergen

Gott kann sich nimmermehr verbergen, wie du sprichst;
Es sei denn, daß du auch für Ihn ein Loch erdichst.

18

Rechter Gebrauch bringt nicht Schaden

Mensch, sprichst du, daß dich Ichts von Gottes Lieb abhält,
So brauchst du noch nicht recht, wie sich's gebührt, der Welt.

19

Im Innern sind alle Sinnen ein Sinn

Die Sinnen sind im Geist all ein Sinn und Gebrauch;
Wer Gott beschaut, der schmeckt, fühlt, reucht und hört
Ihn auch.

20

Gott sieht man nicht mit Augen

Wenn du denkst, Gott zu schaun, bild dir nichts Sinnlichs ei
Das Schaun wird inner uns, nicht außerhalb uns sein.

21

Was verdirbt, wird zu Nichts

Was fort und fort verdirbt, das kann nicht stehn noch sein,
Es eilt zum Untergang und wird dem Nichts gemein.

22

Dein Kerker bist du selbst

Die Welt, die hält dich nicht, du selber bist die Welt,
Die dich in dir mit dir so stark gefangen hält.

23

Gott straft nicht die Sünder

Gott straft die Sünder nicht; die Sünd ist selbst ihr Hohn,
Ihr Angst, Pein, Marter, Tod, wie Tugend selbst ihr Lohn.

24

Wer vergeht, der ist nicht

Der Sünder ist nicht mehr. Wie? seh ich ihn doch stehn!
Hättst du das rechte Licht, du sähest ihn vergehn.

25

In der Hölle ist keine Ewigkeit

Betracht es eigentlich, bei Gott ist Ewigkeit,
Beim Teufel in der Höll, da ist ein ewge Zeit.

26

Der Mensch, der macht die Zeit

Du selber machst die Zeit, das Uhrwerk sind die Sinnen;
Hemmst du die Unruh nur, so ist die Zeit von hinnen.

27

Von dem Gottsbegierigen

Dem Gottsbegierigen wird dieser Punkt der Zeit
Viel länger als das Sein der ganzen Ewigkeit.

28

Der ewge Sabbat in der Zeit

Ein Mensch, der sich in sich in Gott versammlen kann,
Der hebt schon in der Zeit den ewgen Sabbat an.

29

Ewiges Leben in der Zeit

Wer Gott in allem Tun von Herzen loben kann,
Der hebt schon in der Zeit das ewge Leben an.

30

Der einige Tag

Drei Tage weiß ich nur als Gestern, Heut und Morgen;
Wenn aber Gestern wird ins Heut und Nun verborgen
Und Morgen ausgelöscht, so leb ich jenen Tag,
Den ich, noch eh ich war, in Gott zu leben pflag.

31

Eins ist im andern

Das Ei ist in der Henn, die Henn ist in dem Ei;
Die Zwei im Eins und auch das Eines in der Zwei.

32

Wie die Zahlen aus dem Eins, so die Geschöpfe aus Gott

Die Zahlen alle gar sind aus dem Eins geflossen,
Und die Geschöpf zumal aus Gott dem Eins entsprossen.

33

Gott ist in allem wie die Einheit in'n Zahlen

Gleich wie die Einheit ist in einer jeden Zahl,
So ist auch Gott der Ein in'n Dingen überall.

34

Nichts kann ohn das Eins bestehn

Wie all und jede Zahln ohn's Eines nicht bestehn,
So müssen die Geschöpf ohn Gott, das Ein, vergehn.

35

Die Nulle gilt vornenan nichts

Das Nichts, die Kreatur, wenn sichs Gott vorgesetzt,
Gilt nichts; stehts hinter Ihm, dann wird es erst geschätzt.

36

Im Eins ist alles eins

Im Eins ist alles eins: kehrt zwei zurück hinein,
So ist es wesentlich mit ihm ein einges Ein.

37

Alle Heiligen sind ein Heiliger

Die Heilgen alle sind ein Heiliger allein,
Weil sie ein Herz, Geist, Sinn in einem Leibe sein.

38

Die geheime Kronenzahl

Zehn ist die Kronenzahl, sie wird aus eins und nichts;
Wenn Gott und Kreatur zusammen kommn, geschichts.

39

Immer das selbige

Ich ward das, was ich war, und bin, was ich gewesen,
Und werd es ewig sein, wenn Leib und Seel genesen.

40

Was im Orte der Welt vor der Welt gewest

Eh Gott die Welt erschuf, was war in diesem Ort?
Es war der Ort selbselbst, Gott und Sein ewges Wort.

41

Die Welt ist von Ewigkeit

Weil Gott, der ewige, die Welt schuf außer Zeit,
So ists ja sonnenklar, daß sie von Ewigkeit.

42

Gott schafft die Welt noch

Gott schafft die Welt annoch: kommt dir dies fremde für?
So wiß, es ist bei Ihm kein Vor noch Nach, wie hier.

43

Jedes ist in seinem Ursprung am besten

Das Wasser in dem Brunn, die Ros' auf ihrem Stamm,
Am besten ist die Seel in Gott, im Feur die Flamm.

44

Die Kreatur ist recht in Gott

Die Kreatur ist mehr in Gotte, denn in ihr;
Zerwird sie, bleibt sie doch in Ihme für und für.

45

Wann der Mensch gänzlich wiederbracht ist

Wann ist der Mensch zu Gott vollkommlich wiederbracht?
Wann er das Muster ist, darnach ihn Gott gemacht.

46

Die Ewigkeit ist uns angeborn

Die Ewigkeit ist uns so innig und gemein,
Wir wolln gleich oder nicht, wir müssen ewig sein.

47

Der Geist ist wie das Wesen

Mein Geist ist wie ein Sein, er ahnt dem Wesen nach,
Von dem er urgestand und anfangs ausgebrach.

48

Wenn der Mensch Gott ist

Eh als ich ich noch war, da war ich Gott in Gott,
Drum kann ichs wieder sein, wenn ich nur mir bin tot.

49

Ein Seufzer saget alles

Wenn meine Seel erseufzt und Ach und O schreit hin,
So rufet sie in sich ihr End und Anbeginn.

50

Du mußt was Gott ist sein

Soll ich mein letztes End und ersten Anfang finden,
So muß ich mich in Gott und Gott in mir ergründen
Und werden das, was Er: ich muß ein Schein im Schein,
Ich muß ein Wort im Wort, ein Gott in Gotte sein.

51

Wer zu Gott will, muß Gott werden

Werd Gott, willst du zu Gott; Gott macht sich nicht gemein,
Wer nicht mit Ihm will Gott und das, was Er ist, sein.

52

Die glückselige Ertrinkung

Wenn du dein Schiffelein aufs Meer der Gottheit bringst,
Glückselig bist du dann, so du darin ertrinkst.

53

Wo der Mensch hinkommt, wann er in Gott vergeht

Wenn ich in Gott vergeh, so komm ich wieder hin,
Wo ich von Ewigkeit vor mir gewesen bin.

54

Gott stirbt und lebt in uns

Ich sterb und leb auch nicht, Gott selber stirbt in mir,
Und was ich leben soll, lebt Er auch für und für.

55

Das immerwährende Sterben

Ich sterb und lebe Gott; will ich Ihm ewig leben,
So muß ich ewig auch für Ihn den Geist aufgeben.

56

Es ist kein Tod

Ich glaube keinen Tod, sterb ich gleich alle Stunden,
So hab ich jedes Mal ein besser Leben funden.

57

Das Fünklein im Feuer

Wer kann das Fünkelein in seinem Feur erkennen?
Wer mich, wann ich in Gott, ob ich es sei, benennen?

58

Die ganze Dreifaltigkeit hilft zur Seligkeit

Die Allmacht zeucht mich auf, die Weisheit weist mich an,
Die Güte hilfet mir, daß ich in Himmel kann.

59

Verlust und Gewinn

Der Tod ist mein Gewinn, Verlust das lange Leben,
Und dennoch dank ich Gott, daß Er mir dies gegeben.
Ich wachs und nehme zu, so lang ich hier noch bin,
Darum ist auch gar wohl das Leben mein Gewinn.

60

Das Leben und der Tod

Kein Tod ist herrlicher, als der ein Leben bringt;
Kein Leben edler, als das aus dem Tod entspringt.

61

Die geistliche Auferstehung

Die Auferstehung ist im Geiste schon geschehn,
Wenn du dich läßt entwirkt von deinen Sünden sehn.

62

Die geheime Himmelfahrt

Wann du dich über dich erhebst und läßt Gott walten,
So wird in deinem Geist die Himmelfahrt gehalten.

63

Die dreifache Zukunft

Die Zukunft unsers Herrn war, ist und wird geschehn
Im Fleisch, im Geist, und wann man Ihn wird herrlich sehn.

64

Es wird nicht alls gerichtet

Die Menschen, die in Gott mit Christo sind verschlungen,
Sind durch's Gericht und Tod ganz selig durchgedrungen.

65

Gott tut es alles selbst

Gott ist nur alles gar; Er stimmt die Saiten an,
Er singt und spielt in uns: wie hast dann du's getan?

66

Die Ewigkeit

Was ist die Ewigkeit? Sie ist nicht dies, nicht das,
Nicht Nun, nicht Ichts, nicht Nichts, sie ist, ich weiß nicht was.

67

Im Meer ist auch ein Tröpflein Meer

Im Meer ist alles Meer, auchs kleinste Tröpfelein;
Sag, welche heilge Seel in Gott nicht Gott wird sein?

68

Beschluß

Freund, es ist auch genug. Im Fall du mehr willst lesen,
So geh und werde selbst die Schrift und selbst das Wesen.

NACHWORT

Diese Auswahl aus den fast 1700 Zweizeilern Schefflers ist zunächst als eine Gabe und Hilfe zu betender Einkehr und Betrachtung gemeint. Gewiß ist Scheffler in diesem Werk einer der größten Dichter des Abendlandes; aber er dichtet, weil er Gott liebt, von Gott entzückt und hingerissen ist; er gerät beim Gedanken an Gott und Göttliches außer sich, Gott ist ihm das ewig neue Wunder, jedes Korn göttlicher Wahrheit blüht ihm auf zu einem Baum, der in den Himmel reicht, wächst sich ihm aus zu einem Zaubergarten, in dessen Herrlichkeit er sich wie ein Kind im Märchen ergeht. Er ist kein Grübler, sondern ein in Liebe sich verzehrender Troubadour. An dieser Liebe entzündet sich seine Kunst, die um so erstaunlicher ist, als sie den Gesang des Herzens nicht in seinem unendlichen Verströmen zeigt, sondern immer wieder nur im jähen Blitz, da die geliebte Wahrheit neu und wie zum ersten Mal überwältigt, da einem das Herz stillsteht und aussetzt, da die Liebe zu töten droht.

Wer diese Liebe nicht überall sieht, ist nicht wert, diese Verse zu lesen. Hier ist, wie kaum je, Kunst aus der dringenden Forderung: Anbeten! entstanden, um mit dem Opfer der Vernunft (im scheinbaren "Paradox", das gedanklich nicht zu bewältigen ist) zugleich die höchste Leistung der Vernunft wie der Kunst dem Geliebten anzubieten. Alles übrige: die literarischen Einflüsse, das zeitbedingte Barockkolorit, die biographische Einbettung, sind demgegenüber völlig nebensächlich. Was die Liebe an Blüten getrieben hat, ist so frisch, so unverstaubt, so reich, so gegenwärtig wahr, daß wir in unserer dürftigen Zeit ohne Zögern danach greifen sollen und es unverzüglich so gebrauchen, wie der Dichter es gebraucht wissen wollte: als gleichsam ansteckendes Gebet. Wir müssen damit auf die Knie. Wofür können wir dankbarer sein in unserem verhasteten Alltag als für diese kürzesten Wegweiser zu Gott, deren jeder mit der Weisung noch die Wegzehrung enthält: wirklich Brot und Wein für die Reise? Und zudem sprühender Geist und Schönheit und die Verheißung, daß nichts abenteuerlicher und weniger langweilig ist als der Umgang des Liebenden mit Gott!

Vielleicht ist über keinen der großen Dichter von den Literarhistorikern mehr Stroh gedroschen worden als über Angelus; vielleicht trifft auf keinen das Wort Pauli besser zu: "Der geistige Mensch beurteilt alles, wird aber von niemandem beurteilt." Ausgehend von einem völligen Mißverstehen zumal der ersten beiden Bücher, die man als pantheistisch, schwärmerisch, freireligiös zu bezeichnen pflegt, zerbricht man sich den Kopf darüber, wie der Dichter ein-zwei Jahre darauf zur katholischen Kirche übertreten konnte, und beschuldigt ihn, zwei völlig im Streit liegende, unvereinbare Seelen in seiner Brust zu bergen. Man betrauert den Abfall eines hohen Geistes von seinen erhabenen Intuitionen und seinen Sturz in eine geistlose Orthodoxie, schlimmer als die lutherische, der er durch seinen Übertritt entfliehen wollte. Aber wie kommt es dann, daß fast gleichzeitig mit dem "Cherubinischen Wandersmann" jenes andere Buch, die "Geistliche Seelenlust" entstand, das mit beiden Füßen in der barocken Jesusmystik steht?

Es gilt, kurz gesagt, zwei Dinge zu sehen: Einmal, daß der "Wandersmann" das Werk ist, in dem und mit dem Scheffler seinen innern Weg zur Kirche geht: es ist ein Konversionsbuch, vom ersten bis zum letzten Teil, durchaus schon im ersten und zweiten, in welchem die meisten der für unvertraute Ohren befremdlichen heterodox klingenden Sprüche stehen. Denn gewiß ist der junge Scheffler, der als Student der Medizin 1644 zwanzigjährig nach Leyden kommt, mit Mennonisten und Kollegianten in Berührung gekommen, hat er Tauler und Böhme kennengelernt und – nachdem er im katholischen Padua den Doktor der Medizin sich erworben – in seiner schlesischen Heimat mit den damals so lebendigen Kreisen der böhmeschen Mystik Fühlung gehabt, mit Johann Dietrich von Tschesch, dem Religion reine Innerlichkeit war, Aufgabe des eigenen Willens, Erfahrung innern Himmels und innerer Hölle; mit Daniel Czepko, dessen "Sexcenta Monodisticha Sapientium" ihn offenkundig formal wie inhaltlich aufs tiefste angeregt haben, mit Abraham von Franckenberg vor allem, der eine überkonfessionelle Religion auf mystischer Grundlage erstrebte und dessen reichhaltige mystische Bibliothek er benützte und nach dem Tode des Freundes erbte. Aber eben: was vermittelten ihm diese Freunde, wenn nicht – über die von ihnen abgelehnte lutherische Orthodoxie hinweg – das alte katholische Gut, jenen ungeheuren, seit tausend Jahren ununterbrochenen Strom, in welchem Scholastik und Mystik, philosophische und theologische Mystik völlig untrennbar in mächtigen Wogen einherschlugen? Man mache sich klar: wer den Mystiker Ekkehart als "unkirchlich" abstempelt und ihn gegen den Ekkehart der lateinischen Schriften, den Scholastiker, abhebt, wer diese unerhört einheitliche Persönlichkeit aufgrund von Vorurteilen entzweispaltet, wer Ekkehart seinem verehrten Lehrer Thomas von Aquin wie ein Unvereinbares entgegensetzt, der wird schließlich auch Dionysius Areopagita aus der katholischen Kirche zu vertreiben haben, der doch gerade den großen Scholastikern als die höchste Autorität neben Augustin aus der Väterzeit galt. Er wird, immer aufgrund der gleichen Vorurteile, Scotus Eriugena ebenfalls als "Pantheisten" der Unkirchlichkeit zeihen, sich dann aber klar sein müssen, daß er im gleichen Wurf dessen Hauptquellen, Maximus Confessor, Gregor von Nazianz und von Nyssa aus den kirchlichen Reihen ausschalten muß. Mit welchem Recht, aufgrund welcher Kriterien verwüsten diese ahnungslosen Bilder- oder Mythenstürmer die alte heilige Einheit kirchlicher Tradition?

Natürlich gab es von jeher in dieser Einheit eine mehr platonisch-mystische und eine mehr aristotelisch-scholastische Denkart; aber wiesehr haben sich je und je beide befruchtet! Der mystische Strom nun, der innerhalb der katholischen Kirche ununterbrochen von der Antike durch das Mittelalter floß, der in Ekkehart einen Höhepunkt fand und dann durch tausend Kanäle in die dürstende Seele des jungen Angelus sich ergoß – er liest Mechtild und Gertrud, Tauler und Brigitta, Rulman Merswin und Sandäus, und hat in der franckenbergschen Bibliothek Zugang zu Ruisbroek, der deutschen Theologie, Thomas von Kempis, Staupitz, Böhme, Weigl, Arndt, Sebastian Franck, Paracelsus und vielen andern –, dieser mystische Strom wurde ihm freilich zunächst durch weniger empfehlenswerte, nicht völlig reine Bachbette zugetragen: aber was verschlug's, da das Herz des Dichters in seiner parsifalischen Reinheit zum Filter wurde, der nur das Echte durchließ? In der Tat: wir finden bei ihm nirgends Spuren von den trüben beinah dämonischen Grübeleien Jakob Böhmes und Weigls, sondern überall sofort die Unterscheidung, den Rückgang auf die große Tradition von Tauler und Ruisbroek her, und mit einem unfehlbaren Griff die Zentrierung um die Zentrallehre Meister Ekkeharts von der Gottesgeburt der Seele (Wie sehr diese selber wieder beste kirchliche, ja urchristliche Überlieferung war, haben Hugo Rahner in "Die Gottesgeburt" Zft. f. kath. Theol. 1935, 333–418, und Alois Dempf in "Meister Eckhart" 1934 gezeigt). Die Adoptivkindschaft der Gnade ist für Ekkehart und seine Gewährsleute das Hineingezogenwerden des Geschöpfs – aus Gnade! – in den ewigen

Ausgang des Sohnes vom Vater, und wiederum in das urbildliche Schoßsein Marias für die Menschwerdung des Sohnes Gottes auf Erden. Nichts Pantheistisches in alldem. Freilich haben von jeher die großen christlichen Mystiker zum Ausdruck ihrer ganz und gar christlichen und kirchlichen Einsichten die höchsten Bilder und Begriffe der allgemeinmenschlichen Mystik gebraucht und sie (wie die Theologen ihrerseits) im Gebrauch entsprechend überhöht, gesprengt und umgestaltet. Es gibt diese tausend Jahre hindurch im Abendland eine Art mystische Elementarsprache und Grammatik, die von Plato und der Stoa, von Plotin und Proklus geprägt, in einer Art Neutralität vom Judentum, vom Islam und vom Christentum gleicherweise verwendet wird, eine Harfe, die aber jedesmal, wenn ein wirklich von Gott ergriffener Christ sie berührte und schlug, in einer neuen, unverkennbar kirchlichen Weise zu tönen beginnt. So bei Symeon, bei den Viktorinern, bei Rupert und Albert, bei Ekkehart, Seuse und Ruisbroek. In diese große Überlieferung trat staunend, überwältigt, der junge Scheffler ein: er ließ sich davon beinah wahllos beschenken und prägte doch allem, was er aufnahm, sein Merkmal auf. Es gibt wohl kaum einen Spruch, den man nicht aus der kirchlichen Scholastik und Mystik belegen könnte, und dies gilt gerade für die scheinbar abgelegenen, befremdenden. Greifen wir aufs Geratewohl einen Satz heraus:

> *In der Hölle ist keine Ewigkeit.*
> *Betracht es eigentlich, bei Gott ist Ewigkeit,*
> *Beim Teufel in der Höll, das ist ein ewge Zeit. (V, 74)*
>
> *Je weiter man von Gott, je tiefer in die Zeit,*
> *Drum ist den Höllischen ein Tag ein Ewigkeit. (V, 341)*

und vergleichen wir damit Thomas von Aquin: "In inferno non est vera aeternitas, sed magis tempus" (Summa 1, 10 3 c et ad 2), wobei der gleiche Grund angegeben wird: Gott allein ist ewig, nur durch Teilnahme an Gott kann ein Geschöpf wahrhaft ewig werden: so springt die Verwandtschaft in die Augen. Silesius kopiert nicht, er faßt auf und gibt in seiner Art das Begriffene wieder. Er wird dadurch – ein letztes und gültiges Mal – zum großen Sammelbecken abendländischer Mystik. Man kann für diese Zusammenhänge des "Wandersmann" mit der entfernteren katholischen Überlieferung auf das vorzügliche, immer noch gültige Werk von C. Seltmann: "Angelus Silesius und seine Mystik" (Breslau 1896) hinweisen, der seine Sprüche durch Parallelen aus Schrift, griechischen und lateinischen Vätern, Scholastik und moderner

Theologie von jedem Verdacht pantheisierender Heterodoxie reinwäscht. Kein Spruch des Dichters, der durch diese Methode nicht seine Rechtfertigung fände. Sie hat bloß den Nachteil – der indes ihr Errungenes nicht in Frage stellt – die unmittelbaren Quellen des Spätmittelalters nicht hinreichend beizuziehen.

Unsere Auswahl hat eine ganz lockere Ordnung in das ebenso lockere, aber innerlich ganz geordnete Gedankengut des Dichters gebracht. Von "System" ist bei ihm keine Rede, aber ebensowenig von Planlosigkeit und ästhetischem Herumnaschen. Dieses unerschöpfliche Quellen hat Haltung und Form. Wir haben in der Auswahl bewußt auf die überscharfen Formulierungen, die in den ersten zwei Büchern vorkommen, verzichtet, weil sie, wie Silesius selber wußte, und wie er es in seiner Vorrede aussprach, mißverständlich sind und einer Erklärung und Rechtfertigung bedürften, die ihnen aber durchaus, vom Punkt der ekkehartschen Gottgeburt her, im vollkirchlichen Sinn zuteil werden könnten. Dennoch geht dem Leser ohne sie nichts Wesentliches verloren, weil alles Entscheidende klarer in den Sprüchen unseres dritten Kapitels wiedergegeben wird.

Silesius hat ein paar sehr bezeichnende, wenn auch lässig verstreute Anmerkungen zu einzelnen Versen beigegeben, die nicht, wie man gesagt hat, ängstliche nachträgliche Versuche kirchlicher Deutung sind, sondern Hinweis auf die immer vorhandenen kirchlichen Quellen. Für den Gedanken, daß der Mensch "ein Wort im Wort" werden muß, verweist er auf Tauler, dafür, daß man Gott werden muß, um Gott zu erkennen, auf Ruisbroek, für das Gebet der Stille auf die Jesuiten Sandäus und Balthasar Alvarez. Wichtiger sind die Anmerkungen zu den zwei folgenden Strophen:

*Der Mensch war Gottes Leben,**
*Eh ich noch ward, da war ich Gottes Leben,**
Drum hat auch er für mich sich ganz und gar ergeben.
**Joh. 1: Quod factum est, in ipso vita erat.*

Die Rose.
Die Rose, welche hier dein äußres Auge sieht,
*Die hat von Ewigkeit in Gott also geblüht.**
**idealiter.*

Die Deutung des Johannesverses in der gegebenen Interpunktion ist beinah so alt wie die Kirche. Von den Vätern überliefert wird sie von der kirchlichen Scholastik und Mystik aufgenommen: Die Dinge sind in Gott, dem Urleben, schon wesen-

haft lebendig, bevor sie durch Schöpfung in die äußere Existenz gesetzt werden, ja sie sind, auch nachdem sie daseiend wurden, wirklicher und lebendiger in Gott als in sich selbst und sollen deshalb, um gänzlich und ewig zu sein, alle Sorge darauf wenden, sich selber zu entwerden, um sich in Gott zu finden. Dennoch ist dieses Lebendigsein in Gott "idealiter" gemeint, und nicht realiter, der Existenz nach; vorausgesetzt freilich, daß man dem ewigen Gedanken und Wort nicht die Hinfälligkeit des Menschlichen leiht, sondern ihm seine ewige Fülle und Wahrheit beläßt. Die Wahrheit unserer Existenz, ja sogar unserer leiblichen Auferstehung, wird nicht aufgehoben, wenn wir ermahnt werden, aus der äußern Eitelkeit und Vergänglichkeit in die Stille der Ewigkeit heimzukehren, an den Ort unserer ewigen Geburt aus Gott, unserer ewigen Prädestination "in Christus vor Grundlegung der Welt" (Eph 1).

Das Wundersame an Silesius ist, daß er, diese ganze Tradition in seiner glühenden Seele aufgreifend, nicht zu einem Weltflüchtling wird, sondern im menschgewordenen Gott und in der Gemeinschaft der Heiligen die Spannung aushält, die den Grundzug des Christen ausmacht zwischen Lassen der Welt und Lieben der Welt, zwischen Lieben Gottes in sich und Lieben Gottes in allen Dingen. Einem Freunde schrieb der Student in Padua die drei Worte ins Stammbuch: Mundus pulcherrimum nihil, die Welt ist ein wunderherrliches Nichts, und dies blieb auch im "Wandersmann" sein Erlebnis. Nicht das erarbeitete Gedankengut macht die Originalität des Buches aus, sondern der unbegreifliche Schwung des Herzens, mit dem hier die ganze schon verstaubende Tradition noch einmal lebendig wird wie am ersten Tag, mit der Frische eines jungen Maimorgens. Alles ist spontanstes Gebet – und welcher Pantheist kann denn beten? Endgültig zerfallen wird diese christlich-mystische Welt erst im deutschen Idealismus, wo man, statt zu beten, anfangen wird zu "dichten und zu denken" und damit auch Scheffler aufs gründlichste mißzuverstehen.

Sein Buch erschien 1657 in Wien, mit kirchlicher Druckerlaubnis, empfohlen und gerühmt besonders von den Jesuiten, die darin offenbar eigenste Anliegen und Herkünfte erkannten, hatte doch Ignatius selbst seine Wurzeln im "Tauler" (sein Grundlegen aller Frömmigkeit in der Indifferenz oder Gelassenheit, seine Nachfolge dem armen Christus, sein Aufblick zu den Sternen, die allein rein seien, seine tägliche Lesung im Kempis). Aber auch Leibniz erkannte sogleich den Wert des Dichters, und von da an blich sein Ruhm nicht bis heute. Auf Arnold und Tersteegen übt er tiefe Wirkung, Friedrich Schlegel erschließt ihn neu; Hegel, Schopenhauer, die Droste, Rückert, Gottfried Keller und unzählige andere sind ihm treu.

Der Dichter aber mußte seinen Ruhm teurer bezahlen, als er wohl je hätte vorausahnen können. In einer in der ganzen Geschichte wohl beispiellosen Weise wurde der Konvertit und spätere Priester zur Zielscheibe des Spottes, der niedrigsten Verdächtigung, Verleumdung und Beschmutzung in jeder nur ausdenklichen Form. Wohl wehrt er sich in vielen polemischen Schriften, aber jeder Strich wird ihm hundertfach heimgezahlt, auch hat sich der Konvertit und Eiferer für die katholische Sache in der Kontroverse niemals eine letzte Sicherheit und einen eigenen Ton erwerben können. 1677 stirbt er einsam, verarmt, und hinterläßt der Welt nichts als das Füllhorn seiner unvergänglichen Verse.

Der Leser, der nach diesen Erklärungen bei einzelnen Sprüchen noch immer ein Unbehagen empfände, sage sich, daß die – typisch barocke – Freude des Dichters am Mysterium sich dadurch Ausdruck verschafft, daß er dialektisch einzelne wahre Sätze steigert, soweit es nur geht, um ihnen so neuen Glanz, das Äußerste an Gehalt zu entlocken. Man darf daher nie einen Spruch ohne den ergänzenden "Gegenspruch" lesen, sollte ihn sogar immer in den Gesamtzusammenhang eintauchen, das Kühnere vom Gemäßigten her deuten.

Als Beispiele dialektischen Redens seien genannt: Seite 12 Nr. 35 und Seite 13 Nr. 36; sowie Seite 85 Nr. 15 und 16.

Die isolierten Aussagen "negativer Theologie" wie Seite 21 Nr. 3 und verwandte Sprüche finden ihre Einbettung (nach der traditionellen Reihenfolge: via positiva, negativa, eminentiae) in vielen Sprüchen desselben Kapitels (Seite 21 Nr. 2, Seite 22 Nr. 7, 8 usw.).

Die johanneisch-eckhartischen Sätze über die Vergöttlichung durch Gnade und die (weil Gnade ewiges Leben ist) "Unmöglichkeit" ihres Verlustes (S. 33 Nr. 13) finden ihren Ausgleich in der starken Betonung der Freiheit und Mitwirkung des Menschen (S. 35 Nr. 28, 29; S. 36 Nr. 35 usw.)

S. 43 Nr. 3 und 5 erklären sich durch Nr. 2 und 4. S. 45, Nr. 18 ist nur die Zuspitzung von Nr. 16 und 17. S. 47 Nr. 26 und 29 ist auf Nr. 25 zu beziehen. S. 49 Nr. 41 gibt den Schlüssel für die "Vergöttlichungs-Sprüche", S. 51 Nr. 49 den für die Betonung der Immanenz Gottes in der Seele, S. 78 Nr. 32 wird aus den folgenden Versen erklärt, S. 79 Nr. 36 durch die vorangehenden. Die Sprüche S. 87 sind aufeinander zu beziehen; S. 89 Nr. 41 braucht nur wörtlich (im Sinne von Nr. 40 und 42) genommen zu werden, um das Befremdliche zu verlieren. Endlich ist S. 99 Nr. 44 als ein Kernsatz zu nehmen, der viele umliegende erläutert.

INHALT UND STELLENNACHWEIS

WEISHEIT

GOTT

IN GOTTES SOHN

1: VI, 133	11: V, 284	21: II, 74	31: I, 160	41: IV, 230
2: V, 165	12: V, 252	22: III, 146	32: I, 81	42: VI, 131
3: V, 250	13: IV, 204	23: III, 92	33: V, 48	43: IV, 205
4: IV, 177	14: II, 147	24: IV, 229	34: III, 202	44: II, 112
5: IV, 136	15: VI, 15	25: IV, 194	35: IV, 209	45: V, 102
6: I, 146	16: V, 36	26: IV, 195	36: III, 80	46: IV, 153
7: IV, 133	17: III, 148	27: VI, 129	37: V, 47	47: IV, 174
8: II, 158	18: V, 35	28: V, 192	38: II, 4	48: IV, 124
9: III, 203	19: II, 142	29: III, 123	39: III, 141	49: VI, 1
10: II, 45	20: II, 46	30: I, 156	40: II, 180	

DIE ARME LIEBE

1: III, 176	14: II, 144	27: V, 224	40: I, 65	53: IV, 76
2: III, 219	15: IV, 196	28: V, 221	41: II, 57	54: IV, 170
3: II, 6	16: I, 58	29: I, 39	42: II, 58	55: II, 20
4: IV, 39	17: I, 56	30: I, 97	43: III, 69	56: II, 60
5: VI, 130	18: II, 92	31: V, 96	44: VI, 105	57: III, 138
6: II, 136	19: V, 94	32: V, 341	45: III, 116	58: V, 289
7: IV, 187	20: V, 72	33: V, 95	46: IV, 29	59: IV, 90
8: II, 131	21: II, 67	34: V, 15	47: V, 305	60: V, 277
9: I, 158	22: VI, 208	35: IV, 214	48: VI, 118	61: III, 205
10: V, 207	23: III, 151	36: IV, 212	49: V, 297	62: V, 293
11: IV, 198	24: II, 133	37: V, 154	50: V, 243	63: V, 323
12: IV, 197	25: V, 262	38: V, 77	51: III, 59	
13: V, 227	26: V, 263	39: III, 31	52: II, 115	

KRIPPE UND KREUZ

1: V, 155	8: II, 2	15: III, 11	22: V, 131	29: V, 160
2: II, 44	9: II, 41	16: III, 241	23: III, 16	30: II, 81
3: IV, 52	10: III, 243	17: IV, 228	24: IV, 116	31: I, 63
4: IV, 1	11: IV, 5	18: V, 44	25: III, 37	32: V, 325
5: III, 28	12: III, 29	19: IV, 190	26: II, 53	33: V, 159
6: III, 20	13: III, 13	20: IV, 50	27: I, 61	34: V, 9
7: III, 245	14: III, 240	21: V, 352	28: I, 62	35: IV, 115

MARIA

1: III, 195	5: III, 247	8: III, 10	11: III, 33	14: III, 238
2: III, 121	6: III, 242	9: III, 244	12: III, 3	15: III, 158
3: IV, 42	7: III, 66	10: III, 23	13: II, 102	16: IV, 89
4: I, 296				

KIRCHE

1: III, 214	10: III, 17	19: III, 53	28: V, 137	37: IV, 43
2: IV, 186	11: V, 308	20: IV, 216	29: II, 95	38: I, 253
3: II, 52	12: III, 235	21: IV, 40	30: II, 166	39: II, 26
4: VI, 45	13: V, 260	22: II, 9	31: V, 153	40: II, 3
5: II, 121	14: V, 149	23: IV, 88	32: V, 152	41: I, 255
6: II, 122	15: V, 46	24: IV, 4	33: V, 184	42: II, 93
7: V, 171	16: III, 173	25: III, 79	34: V, 187	43: I, 180
8: VI, 174	17: IV, 152	26: V, 343	35: V, 150	44: IV, 57
9: III, 43	18: VI, 88	27: V, 331	36: V, 151	

WELT IN GOTT

1: IV, 71	15: VI, 221	29: III, 72	43: V, 253	57: IV, 137
2: IV, 158	16: VI, 222	30: III, 48	44: I, 193	58: V, 329
3: IV, 161	17: V, 65	31: IV, 162	45: V, 240	59: IV, 132
4: IV, 160	18: II, 34	32: V, 2	46: V, 235	60: IV, 103
5: I, 108	19: V, 351	33: V, 3	47: II, 159	61: IV, 55
6: I, 289	20: V, 24	34: V, 4	48: V, 233	62: IV, 56
7: V, 61	21: VI, 44	35: V, 5	49: II, 64	63: III, 227
8: IV, 159	22: II, 85	36: V, 6	50: I, 6	64: II, 177
9: III, 199	23: V, 55	37: V, 7	51: VI, 128	65: III, 216
10: III, 190	24: VI, 43	38: V, 8	52: IV, 139	66: II, 153
11: IV, 163	25: V, 74	39: I, 203	53: V, 332	67: VI, 173
12: II, 109	26: I, 189	40: V, 279	54: I, 32	68: VI, 263
13: II, 117	27: III, 56	41: V, 146	55: I, 31	
14: IV, 79	28: III, 127	42: IV, 165	56: I, 30	